AF497990

DISCOURS

PRONONCÉ

DANS L'ASSEMBLÉE NATIONALE,

PAR M. DUSAULX,

l'un des commissaires du comité de la Bastille,

et

présenté par MM. les *Volontaires de la Bastille.*

Cantandum, res vera agitur.　　Non est

Juv.

DISCOURS

PRONONCÉ

DANS L'ASSEMBLÉE NATIONALE,

Le 6 février 1790, à la séance du soir.

PÈRES DE LA PATRIE,

Nous avons l'honneur de présenter à cette auguste assemblée, sous les auspices de la commune de Paris, sous les fortunés auspices d'un maire et d'un commandant général, aussi chéris que révérés, les braves volontaires qui ont le plus contribué à la prise de la Bastille : expédition très décisive, mais diversement envisagée, selon que l'on hait ou que l'on regrette la tyrannie, dont, grace à vous, Messieurs, grace à notre généreux Monarque, nous n'avons plus rien à redouter ; car, depuis quelques jours, depuis le 4 février, on se plaît à croire que le cadavre du despotisme françois ne sera jamais ressuscité.

Quel moment et pour eux et pour nous !

A

Quel triomphe pour les Hulin, pour les Elie ! pour tant d'autres, non moins valeureux, dont les noms seront bientôt inscrits, par la reconnoissance, sur des listes authentiques (1) !

Elles sont enfin tombées, ces vieilles tours dont l'aspect sinistre consternoit jusqu'à l'innocence ; mais comment, et par quel miracle ? Pourra-t-on le croire un jour ? Croira-t-on qu'un peuple que l'on ne regardoit plus, depuis long-temps, que comme un peuple futile, absolument dégradé par un luxe avare et par toutes sortes de voluptés ; endormi, d'ailleurs, dans un esclavage d'autant plus honteux qu'il étoit volontaire ; croira-t-on, dis-je, qu'un tel peuple, sortant tout-à-coup de sa léthargie, et devenu soldat en un clin d'œil, ait, en moins de trente-six heures, conquis toutes les armes de la capitale, et, les jours suivants, toutes celles des châteaux voisins ; ait fabriqué cinquante mille piques? car il reste encore du fer à ceux qu'on a ruinés. *Il ne s'agit*

---

(1) Voyez après le discours.

pas ici d'une fiction, mais d'un fait (1)...
Comme témoins et principaux acteurs, parlez, Elie ; parlez, Hulin.

Ils vous diroient, Messieurs, ce qu'ils nous
ont dit et répété plus d'une fois, lorsque,
dans notre comité, nous écrivions sous leur
dictée le détail de leurs brusques manœuvres,
et les hauts faits de leurs compagnons d'armes ; lorsqu'ils nous présentoient ou nous
indiquoient, des veuves, des orphelins, et que
nous comptions, avec eux, les honorables
blessures de tant de citoyens qui avoient
si bien mérité de la patrie.

Aussi modestes que courageux, ils vous
diroient : — Lorsqu'au retour des Inva-
lides, dont nous avions saisi les armes,
noûs marchâmes par diverses routes, et sans
nous être concertés, du côté de la Bastille,
à travers les applaudissements d'un peuple
immense, qui la proscrivoit à grands cris,
qui nous bénissoit, nous encourageoit et
nous suivoit; car, nous le déclarons avec
transport, nos succès appartiennent en effet
à tous les citoyens de cette ville triomphante :

____

(1) Traduction de l'épigraphe.

dans cette conjoncture, ajouteroient-ils, il y eut de notre part moins de projet que d'enthousiasme ; et, sans nous être apperçus des obstacles, nous les surmontâmes, nous prîmes, pour ainsi dire, cette place à notre insu.

Ah ! je le crois d'autant plus volontiers que plusieurs d'entre nous, enflammés par l'exemple, brûloient de voler sur leurs traces. Que dis-je ? le brave Thuriot de la Rosiere les avoit déja prévenus : par une audace inouie, cet électeur avoit, au nom d'un peuple souverain, déja sommé, dans l'intérieur de la Bastille, le Gouverneur de se rendre ; et seul dans cette citadelle digne des Phalaris, mais fort de son droit de Citoyen, il y avoit harangué les soldats, et bravé le danger jusqu'au sommet des tours.

Peu de temps après, l'un de ces hommes que la Providence tient en réserve quand elle veut nous garantir de quelque grande calamité, l'abbé Fauchet, aussi intrépide qu'éloquent, précédé du drapeau de la Ville, alla, sous le canon de la place et le feu de la mousqueterie, se mêler avec les combattants.

Et voilà comment on triomphe des obstacles qui paroissent insurmontables ! car les premiers élans et l'instinct de la liberté qui ose tout, qui ne craint point la mort, ont bien plus d'énergie que la réflexion..... Ils enfantent des miracles !

C'est ainsi que nous et la plupart de nos collegues nous avons vu, entre deux soleils, soit dans l'intérieur de l'hôtel-de-ville, soit au pied de cette forteresse qui foudroyoit les assiégeants ; c'est ainsi que nous avons vu l'exposition, le nœud, le dénouement et tous les ressorts secrets de cette grande tragédie, dont nous aurons l'honneur, Messieurs, de vous offrir une autre fois les scenes principales : mais nous les supprimons aujourd'hui, pour ne point abuser de vos moments, si précieux à la nation. D'ailleurs, conviendroit-il de mettre plus de temps à vous parler de la Bastille, que ces Héros n'en ont mis à la prendre ?

Qu'il nous soit permis seulement de nous féliciter d'avoir retrouvé dans ce premier sanctuaire de la Nation, le digne Président

que nous avons tant admiré , tant regretté ,
cet infatigable Moreau de Saint-Méry, dont
l'ame de feu et le patriotisme, le soutinrent
pendant trois jours et trois nuits consécu-
tifs , parmi des convulsions renaissantes.
Ce fut lui, et le Marquis de la Saile , le premier des nobles qui soit entré dans la Commune , qui donnerent le signal de la misé-
ricorde, lorsqu'on nous eut amené , dans
notre assemblée , dans notre salle, étonnée
d'un pareil spectacle, les malheureux défenseurs de la Bastille. Quel jour ! Messieurs ,
pour votre illustre collegue , que celui où
nous le vîmes, tel que Ciceron aux prises
avec Catilina et ses complices, donnant des
ordres , posant des gardes , et saisissant
d'un coup d'œil , dans ces moments cri-
tiques , toutes les ressources de la Capitale.

J'ai dû parler de nos deux premiers Chefs,
et de ces fiers Electeurs qui, rassemblés au
Lycée , remirent si à propos l'Electorat en
vigueur : il vous en souvient, Messieurs ,
et l'Histoire en parlera. Mais revenons aux
vainqueurs de la Bastille. Ils ne se sont pas
quittés depuis cette époque glorieuse : époque qui mérite , sans doute , d'être fixée ,

à l'exemple de tant de peuples reconnoissants, par une fête annuelle ; et cette fête en appelle une autre , celle de la Constitution , de la Régénération françoise ,

Qui s'en vont devenir
L'éternel entretien des siecles à venir.

Ajoutez , Messieurs , que ces Soldats citoyens , depuis leur conquête brillante et non moins salutaire , toujours à nos ordres et prêts à vous défendre , ont veillé jour et nuit à la sûreté publique ; qu'ils ont protégé nos convois et inspecté Montmartre.

Comme cette troupe fameuse, et qui , chez les Thébains , composoit *le bataillon sacré;* comme cette troupe que l'on appelloit aussi *la troupe des amis,* qui , formant les mêmes vœux , vécurent inséparables , et moururent le même jour à la bataille de Chéronée : ces braves Volontaires , fideles à l'alliance fraternelle qu'ils avoient contractée subitement , se sont juré de ne jamais se séparer, afin d'être toujours prêts à voler au secours de leurs compatriotes , afin de maintenir de toutes leurs forces vos sublimes décrets. Aussi la commune de Paris, qui les a comblés de tant d'éloges, leur a-t-elle donné les plus belles espérances; et c'est à vous, Messieurs, à les réaliser : la *couronne murale*, c'est tout ce qu'ils desirent, quoique plusieurs aient aussi mérité la *couronne civique*.

Peres de la patrie, vous qui jouissez déja d'une renommée qui s'accroît de jour en jour, d'heure en heure, et qui en jouissez à tant de titres, puisque, les premiers depuis la fondation de cet empire, vous avez acquis la gloire incontestable d'avoir enfin substitué le regne *de la justice et de la raison*, à celui *de la faveur et du crédit ;* vous, Messieurs, que la chûte de la Bastille a si bien servis, vous savez, vous sentez mieux que nous, ce qu'une Nation telle que la nôtre, telle que vous l'avez créée, doit à de tels patriotes, à des hommes principalement *affamés de gloire ;* car ce mot, ou plutôt ce sentiment, est de Hulin. Ainsi nous espérons que tant de courage et un pareil dévouement, seront bientôt célébrés et récompensés d'une maniere digne de vous, Messieurs, et, par conséquent, de la postérité.

Au reste , nous n'avons rien exagéré , ces dignes enfants de la commune de Paris…. et qui ont sauvé leurs peres , sont, au moment où je parle , célébrés d'un bout de l'Europe à l'autre, et par delà les mers ; sont déja chantés , j'en atteste M. Dupont , ce généreux député de Bigorre , sont chantés jusques sur les sommets des monts Pyrénées. Mais tandis qu'on les célebre et qu'on les chante dans les quatre parties du monde , ne les laissons pas tomber dans l'oubli , au sein même de cette Capitale, témoin de leur victoire soudaine et de leur triomphe éclatant. Rappellez-vous, Messieurs , l'un des plus ardents défenseurs de la liberté romaine , ce fameux Marius assis sur les ruines de Carthage : hé bien ! si nous les négligions, ces vrais amis de la liberté françoise, ceux qui ont brisé chez nous le grand ressort du despotisme , il ne leur resteroit bientôt plus qu'à gémir sur les débris de la Bastille.

Je parle de gloire et de récompenses ; ils forment aujourd'hui d'autres vœux. Jaloux de vous faire un don patriotique, ils voudroient , à l'exemple de leurs compatriotes les plus fortunés , vous apporter aussi , Messieurs , de l'or , de l'argent et des diamants : mais hélas ! que peuvent-ils vous offrir, ces généreux éleves de la Providence et de l'Honneur ? . . . . ce qu'ils peuvent offrir ! la derniere pierre arrachée des fondements du dernier cachot de la Bastille.

La députation étoit composée de

MM.
Dusaulx, ⎫ commissaires du comité de la
Oudart, ⎬ Bastille , et représentants de la
De la Crosniere, ⎭ commune de Paris.

Thuriot de la Roziere , avocat et représentant de la commune.

Le marquis de la Salle , chevalier de l'ordre royal et militaire de S. Louis , et ancien lieutenant-colonel d'infanterie.

Elie , ancien officier au régiment de la reine.

Parein du Mesnil , avocat en parlement.

Dupon , ancien sous-lieutenant des vaisseaux du roi.

Lauzier , étudiant en droit.

Cholat , marchand de vin.

La Rondelle , chirurgien-major de la cavalerie nationale.

Drumeny , capitaine des grenadiers du district de l'Oratoire.

Richard Dupin , ancien officier de la marine.

Malfilatre , marchand tailleur.

Darentieres , courtier de change.

Officiers et bas-officiers provisoires du corps des volontaires de la Bastille.

MM. *Hulin,* ancien officier au service de Geneve pendant la révolution, et commandant du corps des volontaires de la Bastille.

Tournay, ancien militaire.

Meurine, officier garde-chasse.

Rossignol, ancien sergent d'infanterie.

Voillot, ancien fourrier de dragons cavalerie.

Legry, ancien bas-officier d'infanterie.

Beno, citoyen.

Chapuy, ancien caporal au régiment des gardes-françoises.

Ducastel, ancien sergent de la marine.

Georget, ancien sergent de la marine.

Villeneuve, ancien éleve de la marine.

Estienne, ingénieur.

Ployé, ancien adjudant au régiment du roi.

Aubin Bonnemere, citoyen.

Arnold, ancien garde-françoise.

Devis, ancien bas-officier d'infanterie.

De la Mandiniere, ancien officier au service de Hollande, pendant la révolution.

Grolere, citoyen.

Déjon, ancien bas-officier d'infanterie.

Souberbielle, chirurgien major des volontaires de la Bastille.

www.ingramcontent.com/pod-product-compliance
Lightning Source LLC
LaVergne TN
LVHW051346200726
843510LV00002B/857